BARTLEBY
LO SCRIVANO

**Bartleby, lo scrivano**
di Francesco Niccolini, liberamente ispirato al racconto di Herman Melville.

Prima assoluta: 9 luglio 2019, Teatro Sannazaro, Napoli Teatro Festival.

Regia: Emanuele Gamba.
Con: Leo Gullotta, Giuliana Colzi, Andrea Costagli, Dimitri Frosali, Massimo Salvianti, Lucia Socci.

Scene: Sergio Mariotti.
Costumi: Giuliana Colzi.
Luci: Marco Messeri.

Assistente alla regia: Jonathan Freschi.
Assistente alle scene: Valentina Volpi.
Assistente ai costumi: Susanna Fabbrini.

Ufficio stampa: Fabrizio Calabrese.
Organizzazione: Tiziana Ringressi.
Amministrazione: Valentina Strambi, Cecilia Benelli.
Foto di scena: Luca Del Pia.
Progetto grafico: Marco Smacchia.

In collaborazione con Napoli Teatro Festival.



via Selice 84a
40026 Imola, Bologna
Italia

cuepress.com

edizioni@cuepress.com

ISBN 978-88-55100-44-1

Direzione **Mattia Visani**

Identità visiva e progetto grafico **Chia Lab**

Foto di copertina **Luca Del Pia**

I ritratti di Leo Gullotta sono di Luca Dal Pia, tra questi la foto scattata insieme a Emanuele Gamba. I bozzetti di scena sono di Sergio Mariotti. La fotografia della compagnia in prova è di Jonathan Freschi. La foto che ritrae Francesco Niccolini è di Alessandro Botticelli.

REGIONE TOSCANA
ARCA AZZURRA PRODUZIONI
MiBAC MINISTERO PER I BENI E LE ATTIVITÀ CULTURALI

FRANCESCO NICCOLINI

# Bartleby lo scrivano

IL CONTEMPORANEO

CUEPRESS

# Indice

# Elogio del fallimento

**Francesco Niccolini**

Chi non ha mai fallito in qualche campo,
quell'uomo non può essere grande.
Il fallimento è la vera prova della grandezza.
*Herman Melville*

Un ufficio. A Wall Street o in un'altra parte del mondo, poco cambia.

È una giornata qualunque nello studio di un avvocato, un uomo buono, gentile, così anonimo che non ne conosciamo nemmeno il nome.

Ogni giorno scorre identico, noioso e paziente, secondo le regole di un moto perpetuo beatamente burocratico, ovvero: meccanico e insensato.

L'ufficio è spoglio, le pareti alte e grigie. Anche le finestre sono alte e irraggiungibili.

Tutto si ripete come in uno di quegli orologi per turisti che si trovano nelle piazze della città antiche: il tempo viene scandito da un balletto senza senso, ma soprattutto senza inizio e senza fine.

In questo ufficio popolato da una curiosa umanità – due impiegati che si odiano fra di loro e cercano di rubarsi l'un l'altro preziosi centimetri della scrivania che condividono, una segretaria civettuola che si fa corteggiare a turno da entrambi ma che spasima per il datore di lavoro, e una donna delle pulizie molto attiva e fin troppo invadente – un giorno viene assunto un nuovo scrivano.

Ed è come se in quell'ufficio sempre uguale a se stesso da chissà quanto tempo, fosse entrato un vento inatteso, che manda all'aria il senso normale delle cose e della vita. Eppure, è un uomo da nulla.

**— Rivedo ancora quella figura, scialba nella sua dignità, pietosa nella sua rispettabilità, incurabilmente perduta.**

Bartleby si chiama, e fa lo scrivano. Copia e compila diligentemente le carte che il suo padrone gli passa. Finché un po' di sabbia finisce nell'ingranaggio e tutto si blocca. Senza una ragione. Senza un perché.

Un giorno Bartleby decide di rispondere a qualsiasi richiesta, dalla più semplice alla più normale in ambito lavorativo, con una frase che è rimasta nella storia:

**— avrei preferenza di no.**

Solo quattro parole, dette sottovoce, senza violenza e senza senso, ma tanto basta. Un gentile rifiuto che paralizza il lavoro e la logica: una sorta di inattesa turbolenza atmosferica che sconvolge tanto l'ufficio che la vita intima del datore di lavoro.

Da quel momento Bartleby si spegne: sta inerte alla scrivania, poi in piedi per ore a guardare verso la finestra. Smette di uscire durante le pause, non beve, mangia solo biscotti allo zenzero, arriverà a dormire di nascosto nell'ufficio, preoccupando prima, e impietosendo poi il suo principale che non riesce a farsi una ragione di quel comportamento. Il fatto è che Bartleby, semplicemente, ha deciso di negarsi.

Perché?

Quando lo scopriremo, sarà troppo tardi.

Il silenzio inspiegabile di Bartleby ci turba e ci accompagna da un secolo e mezzo: perché sulla sua scrivania non batte mai il sole? Da dove viene la sua divina povertà? Perché non è possibile salvarlo? Perché non vuole essere salvato? È una ribellione?

Impossibile dare una risposta, e proprio in questo sta l'infinita grandezza di questo personaggio e dell'invenzione di Melville: ci obbligano a provare una risposta, o se non altro a farci una serie di domande, soffrire per lui, odiarlo e poi essere attraversati da una irrefrenabile voglia di tenerezza.

Abituati all'idea di sviluppo e crescita senza limite con la quale siamo cresciuti, Bartleby ci lascia spiazzati: in lui nessuna aspirazione alla grandezza, solo rinuncia. In barba ai vincenti, ai sorrisi a trentadue denti, agli eternamente promossi e ai *trend* di crescita. Come se lui, il povero Bartleby, portasse sulle sue spalle il lutto per le titaniche e deliranti ansie di vittoria ed espansione del nostro mondo.

Questa versione teatrale è stata scritta per i sei attori che la portano in scena: rispetto al racconto originale ci sono due figure femminili assolutamente inesistenti in Melville. Da anni lavoro con Arca Azzurra e da più di trenta amo i loro spettacoli e la loro fisicità. Conoscerli così bene è stato il modo ideale per costruire per loro e intorno a loro dei personaggi che Giuliana Colzi, Andrea Costagli, Dimitri Frosali, Massimo Salvianti e Lucia Socci hanno potuto vestire su misura. Mai come in questo caso, alla prima lettura, ho sentito tanto naturale l'incontro tra degli attori e i loro personaggi.

Poi c'è Leo Gullotta. Conosciuto al cinema, visto in televisione (poco, perché la televisione non mi interessa), amato nel frequentarlo e nel lavorarci insieme. Lo smarrimento che cercavo per il mio Bartleby ha trovato nel suo corpo, nei suoi occhi, nel suo respiro profondo e disarmato quello che, in questo mistero, mi ha sempre fatto battere il cuore: un comico, struggente, imperscrutabile silenzio.

Forse non sono troppo umano, ma il mio scopo è stato semplicemente quello di dipingere la luce del sole sulla parete di una casa.

*Edward Hopper*

# Bartleby, l'obiettore

**Emanuele Gamba**

– Bartleby, per favore, vuoi essere un po' ragionevole?
– Avrei preferenza a non essere un po' ragionevole.

Nel 1851 Herman Melville scrive *Moby Dick*, grande storia romantica di un titano di nome Achab che affronta e sfida l'assedio di un oceano oscuro; qui un gigante forte e visionario ingaggia una spietata lotta che è lotta per la vita e per la morte o, forse sarebbe meglio dire, della vita e della morte.

Due anni dopo Herman Melville scrive *Bartleby, lo scrivano* e tutto sembra essersi calmato, spenti i fragori dei marosi, l'oceano si è ritirato e il panorama cambiato: siamo a Wall Street ai febbrili inizi di quello che si avvierà a essere il più assediante, oscuro, spietato sistema finanziario/produttivo del mondo; il cuore pulsante intorno al quale nasceranno più di cento anni dopo, globalizzazione e crescite variamente felici. L'oceano si è trasformato nel mare dell'economia e della produttività, il Pequod in un ufficio seminterrato, la ciurma di marinai in un'altra ciurma di scrivani, Ismaele si è fatto avvocato e l'assedio di Wall Street è tale che si rende necessario assumere un aiuto, uno scrivano in più, un altro gigante, un altro titano: Bartleby.

L'ossessionato e ossessivo capitano si è trasformato in Bartleby, l'ultimo dei marinai arruolato, eppure capace di realizzare una lenta, progressiva, pacata messa in crisi di un sistema di cui non riconosce il valore positivo. Mentre tutto e tutti (scrivani, religiosi, soldati, banchieri, politici, artisti) procedono aggressivi e baldanzosi, forse colpevolmente ignari, fra nuove ricchezze e nuove schiavitù, l'ultimo entrato in scena si mette di traverso e con una frase che sembra arrivata da un remoto passato monastico, avvia un inesorabile processo dubitativo di disgregazione di un moloch che si incarna nel binomio «lavoro/dovere». Bartleby si incunea e si incista nella storia positiva di Wall Street ma non è un batterio che ammalerà l'ambiente, è la cura che proverà a salvare un mondo malato che si nutre di numeri e algoritmi.

Bartleby è l'eroe dell'inazione, della non violenza che è azione negativa e *costruens* allo stesso tempo; è il titano della grazia leggera di chi dice «non in mio nome»; è il gigante che usa un piccolo granello e poi un altro e un altro per inceppare il grande meccanismo che regola e cadenza notte e giorno dell'*homo oeconomicus*.

Bartleby per tutto il tempo cerca il raggio di sole che una volta al giorno entra nell'ufficio sepolcro; forse Bartleby è principalmente questo, un seme che eroicamente, pervicacemente grida sottovoce il proprio diritto alla scelta e alla libertà e si fa filo d'erba in mezzo al cemento, contro tutto, ma per tutti.

# Bartleby lo scrivano

## Ispirato al racconto di Herman Melville

## Personaggi

AVVOCATO, titolare di uno studio legale
TURKEY, primo impiegato
NIPPERS, secondo impiegato
GINGER, signorina, terza impiegata
RITA, donna delle pulizie
BARTLEBY, scrivano
FUNZIONARIO del carcere
GUARDIA carceraria
INSERVIENTE del carcere addetta alle pulizie
ADDETTA ALLA CONSEGNA dei pasti ai carcerati

## Scena

Alte pareti grigie. Direi di sfumature diverse: più chiare, più scure (va bene un po' di tristezza, ma non siamo in prigione).
Sono pareti mobili: nel corso dello spettacolo cambieranno due volte di posizione.
Le pareti disegnano lo spaccato di diversi ambienti, come se il pubblico li vedesse in sezione:
1. il pianerottolo fuori dall'ufficio con porta di ingresso (sulla destra);
2. la sala comune con tre scrivanie: una centrale, in secondo piano, per il principale, e due con due posti di lavoro ciascuna, uno di fronte all'altro. Alla prima lavorano due uomini, Turkey e Nippers. Alla seconda, una donna, la signorina Ginger. Il quarto posto è momentaneamente vuoto. Per come sono piccole le scrivanie, i due uomini si rubano spazio l'un l'altro, mentre la signorina Ginger, da sola, è inevitabilmente più comoda;
3. il bagno (sulla sinistra).
Per evidenti ragioni, in scena la parte predominante sarà la stanza centrale, quella comune, mentre del pianerottolo e del bagno ne vedremo una piccola parte.
La tendenza di questo gentile avvocato (e datore di lavoro di tutti gli altri) è quella di non tenere sotto stretto controllo i dipendenti, nonostante i continui bisticci. Non è mai invadente, né ha modi da controllore né da padrone arrogante, tutt'altro: è bonario, sempre cortese e comprensivo verso la strana umanità che lavora in quello studio.

## Umanità così composta

1. Turkey, l'impiegato più anziano, scontroso, maleodorante e vanamente innamorato della signorina Ginger e nemico giurato del suo collega di tavolo;
2. Nippers, più giovane, ritardatario, narcisista, collega di tavolo di Turkey;
3. la signorina Ginger, che ha un debole per Nippers, ma a cui non dispiace fare ingelosire Turkey e in realtà sospira per l'avvocato;
4. Rita, una donna delle pulizie abbastanza invadente e maniaca;
5. e poi, da un bel giorno, lui: Bartleby, *the scrivaner*. Lo scrivano.

Ma torniamo alla scena.
Le pareti grigie hanno finestrelle solo molto in alto e con inferriate: come se fossero le finestre di un piano seminterrato rispetto alla strada.
Si vedono e si sentono passare persone e auto, con rumori più o meno forti a differenza delle ore del giorno: la percezione del passare del tempo lungo la giornata è fondamentale in questa messinscena e in particolare nella prima scena dello spettacolo, dove il susseguirsi sempre identico delle giornate di lavoro verrà scandito in modo grottesco e quasi surreale, come se tutti gli attori fossero in un gigantesco orologio a cucù. (Avete presente i personaggi dell'orologio astronomico di Praga che ogni ora escono e fanno un piccolo spettacolo musicale sempre uguale? Ecco, più o meno così, ma qui siamo dentro uno studio legale, triste noioso e grigio.)
All'inizio è quasi buio. Albeggia.
Poi dalle finestre comincia a filtrare un po' di luce.
Poco la volta, la luce aumenta e si trasforma in raggi di sole, sempre più ampi intorno al mezzogiorno: raggi di sole che illuminano la scrivania del titolare, la scrivania della signorina Ginger e un po' anche la scrivania dei due litigiosi dirimpettai, che anche per godere di quel fragile raggio di sole litigheranno costantemente.
Se questa ipotesi di scena e di personaggi è abbastanza chiara, possiamo iniziare.

# 1

*Questa scena non prevede nessun testo recitato, quanto piuttosto una coreografia di movimenti e comportamenti che si ripetono ossessivamente identici nei giorni, ma ogni volta vengono ripetuti più rapidi, con la meccanicità ossessiva del lavoro d'ufficio.*

*Ecco una giornata tipo.*
*Primo ingresso*
*Quasi buio. Da fuori le luci dei lampioni e i fari delle auto.*
*Entra Rita, la donna delle pulizie con tutto l'occorrente per spazzare e lavar per terra.*
*Si mette al lavoro: pulisce cestini, toglie i giornali vecchi, spolvera le scrivanie, spazza, dà lo straccio, sbuffa se trova qualcosa che non le aggrada, ecc.*

*Secondo ingresso*
*Fuori, la luce naturale comincia a crescere.*
*Entra Turkey. È un tipo nervoso, molto attivo. Lungo lungo, pelato, barba. Non gioviale.*
*Si prepara la scrivania, strappandone un pezzo al suo dirimpettaio che non è ancora arrivato: si rivolge alla donna delle pulizie solo per coinvolgerla nel suo evidente disprezzo nei confronti del collega in ritardo.*
*Intanto indossa i manicotti neri da scrivano e, borbottante, si mette al lavoro.*

*Terzo ingresso*
*Arriva la signorina Ginger: è un tipo gentile, forse più vezzosa che gentile. Fa un cenno di saluto sia alla signora delle pulizie che al collega Turkey, che la saluta con molto zelo, e improvvisamente espansivo (forse c'è una storia tra i due? O forse c'è stata e poi si è interrotta? Di sicuro lui è eccessivamente galante verso la signorina Ginger).*
*Lei, forse per provocarlo, fa un cenno di curiosità per l'assenza di Nippers, il dirimpettaio di Turkey, che le risponde con il solito disprezzo verso il collega assente.*

*Quarto ingresso*
*Ormai, da fuori, luce piena.*
*Entra l'Avvocato. Elegante, gentile, cappello, impermeabile e ombrello, giornali sotto il braccio, ventiquattr'ore.*
*Saluta tutti. Ha portato anche dei fiori. Grigi anche loro, ma gentili. Evidentemente le due donne presenti lo amano rispettosamente e lui, rispettosamente, è cortese con loro. Lui è cortese con tutti: lo è pure con Turkey, che invece non è gentile con nessuno.*
*Passandogli accanto, l'Avvocato guarda con espressione interrogativa alla metà vuota della scrivania. Turkey con il solito non celato disprezzo gli fa un cenno di fastidio, per il collega assente: non è difficile intuire che ogni mattina è così.*

*Ma l'Avvocato alza le spalle, e si siede alla sua scrivania. Legge.*
*Tutti i presenti sono al lavoro: copiano a mano scritture private.*
*Dalle finestre, rumori di auto, passanti, voci e la luce del sole.*

*Quinto ingresso*
*Finalmente arriva anche Nippers. Più giovane di Turkey, elegante, un bel capello fluente ma chiaramente ribelle. Di sicuro è di pessimo umore, come di chi ha dormito poco e male, e soprattutto si è svegliato da poco ed è arrivato in evidente ritardo, come ogni mattina. Quasi prova a non farsi vedere dall'Avvocato, mentre indossa i manicotti neri da copista per proteggere l'elegante giacca che non toglie mai.*
*Seguono sguardi in cagnesco fra i due impiegati dirimpettai.*
*Sapendo di infastidire Turkey, Nippers va a salutare la signorina Ginger che, civettuosamente, sorride all'ultimo arrivato e ignora Turkey, che ci resta malissimo. Nippers, avvicinandosi alla collega, ha messo i piedi dove la signora delle pulizie ha appena lavato: Rita si infuria con lui e lo allontana a colpi di straccio e sbuffa. La signorina Ginger invece sorride (o sogghigna?) compiaciuta.*
*Nippers fa per sedersi, scocciato dalla reazione della donna delle pulizie. Si accorge che Turkey gli ha portato via un po' di scrivania e con rapida mossa se la riprende.*
*Vittorioso, ma di pessimo umore, si mette al lavoro. È una vittoria di Pirro, perché Turkey gli sottrae immediatamente parte dello spazio recuperato. I due vanno avanti così in modo rumoroso e ridicolo, finché l'Avvocato interrompe la lettura e li fissa. È costretto a tossire rumorosamente per interrompere i due antipatici galletti.*
*A quel punto l'Avvocato si avvicina a Nippers e gli fa capire che è arrivato con troppo ritardo: Nippers gli fa un cenno come per dire che è colpa di un mal di testa spaventoso che lo devasta, ma sta meglio (tutto ciò ovviamente con una controscena di commenti acidi di Turkey mentre la signorina Ginger è protesa verso la scrivania dei due).*
*Molto a fatica, tutti si mettono al lavoro.*
*Il sole ha raggiunto il punto più alto e la massima capacità di illuminare quella specie di ufficio seminterrato. Non ci vorrà molto perché la luce cominci a diminuire.*

*Dura pochissimo la tranquillità e il tempo dedicato a copiare i documenti: la donna delle pulizie molla ramazze e stracci e se ne va, dopo aver salutato il principale e poi tutti gli altri.*
*Intanto Nippers è riuscito a pettinarsi (Nippers ha sempre un pettine nel taschino per farsi bello, ma lo usa solo da una certa ora in poi) e si è fatto anche meno scontroso.*
*All'opposto Turkey dà segni di crescente nervosismo: mangia fette biscottate in maniera compulsiva (ne offre solo alla signorina Ginger e al principale, non a Nippers) e sembra soffrire di reflusso esofageo, provocando risate complici da parte di Nippers e della signorina Ginger. Infastidito, Turkey chiude il suo grande quaderno, dismette i manicotti neri, chiude quattro carabattole nella sua borsa e fa per andarsene. Probabilmente incuriosito da quegli strani rumori, l'Avvocato ha di nuovo*

*interrotto la sua lettura e lo sta fissando: Turkey coglie l'occasione per salutarlo, gli fa capire che va via prima per un certo fastidio che sente allo stomaco e che gli impedisce di lavorare.*
*Anche in questo caso l'Avvocato lo lascia andare con indulgenza.*
*Turkey saluta con rabbia la donna e, infine, fa un micro cenno di saluto a Nippers ma – passandogli accanto – gli rovescia qualcosa sulla scrivania e gli macchia un foglio.*
*L'altro, provocato e molto infastidito, si alza di scatto: è costretto a buttare via il foglio e probabilmente buona parte del lavoro fatto in quella giornata. È furioso. Intanto Turkey è uscito sghignazzante.*
*L'Avvocato cerca di tranquillizzare Nippers: domani andrà meglio.*
*Anche Nippers si prepara per andarsene: saluta l'Avvocato e soprattutto la donna. Sono entrambi molto ammiccanti l'uno verso l'altro. Forse la signorina Ginger una storia ce l'ha con lui, certo non con Turkey.*

*Le luci da fuori sono calate ancora.*
*Anche la signorina Ginger a questo punto si prepara per andarsene: ma prima va a salutare, molto espansiva, l'Avvocato, che le risponde con grande gentilezza ma senza il minimo tentativo di ammiccamento o corteggiamento.*

*L'Avvocato è rimasto solo. Sorride, un po' deluso dai suoi dipendenti, ma lui è un uomo buono, e tutto sommato gli va bene così: nessuno è perfetto.*
*Impermeabile, cappello, ombrello, ventiquattr'ore: spegne le luci e se ne va anche lui.*
*Fuori è calata la sera e solo i lampioni e i fari delle auto illuminano l'ufficio.*

*Buio.*
*Notte.*
*Alba.*
*Si ricomincia.*
*Ma con un ritmo accelerato.*
*Tutto si ripete, ma più rapidamente.*
*Una seconda volta.*
*Poi una terza.*

*A metà del terzo giorno, dopo che sono tutti arrivati e i due dirimpettai Turkey e Nippers si stanno strappando l'un l'altro il possesso di qualche centimetro di scrivania, l'avvocato – finalmente – parla. Dice la prima battuta.*
*Lo fa rivolto al pubblico.*
*Lo fa guardando i suoi dipendenti, che ora sono tutti perfettamente immobili, come in un fermo immagine.*

# 2

AVVOCATO Sempre così. Ogni giorno. Questo è il mio popolo: Turkey, Nippers, la signorina Ginger, Rita. E questo il mio regno: uno studio legale dove il lavoro non manca mai, a Dio piacendo. Il signor Turkey arriva prestissimo al mattino: non c'è che dire, un grande lavoratore. Almeno fino a mezzogiorno. Poi, inizia l'agonia: il pranzo lo rovina, ha problemi di digestione... diventa rosso, nervoso, gli casca la stilografica, rompe il pennino, rovescia l'inchiostro. Un'autentica catastrofe, l'esatto contrario del signor Nippers: credo soffra di insonnia o forse fa le ore piccole. Al mattino è difficile convincerlo che deve lavorare. Arriva sempre con un gran mal di testa. Non riesce mai a sistemare la sua scrivania: troppo corta, troppo lunga, troppo bassa, la sedia troppo alta... grandi lamentele fino a mezzogiorno. Poi, all'improvviso, si sveglia, gli passa il mal di testa e diventa efficientissimo.
Volendo vedere il bicchiere mezzo pieno, posso dire che sommando il mattino di Turkey con il pomeriggio di Nippers, ottengo un impiegato perfetto, e non devo subire le escandescenze di più d'un pazzo per volta. Eccezion fatta per quando è Rita, la nostra adorata signora delle pulizie, a dar di matto: guai a mettersi sulla sua strada quando lava il pavimento; un'autentica furia. Il problema è che Rita, il pavimento lo lava almeno otto volte al giorno: quel che si dice una maniaca compulsiva delle pulizie. E guai a convincerla che potrebbe fare un po' meno...
Qui dentro nessuno è perfetto. Nemmeno la signorina Ginger, la cara signorina Ginger... come faremmo senza di lei?
Turkey la corteggia da quando è arrivata qui, ma lei è disgustata dallo stile, dalle giacche unte e bisunte, soprattutto dalla cattiva digestione di Turkey. Preferirebbe trastullarsi con Nippers, e non è escluso che qualche volta sia successo, ma figuriamoci se quel bel giovanotto elegante, sfrontato e tiratardi si accontenta di una sola fidanzata.
Un'ultima cosa: se non ve ne foste accorti, Turkey e Nippers si odiano. La Ginger difende sempre Nippers, Turkey non perde occasione per farglielo pesare e la Ginger, appena può, si vendica di Turkey. Non ho ancora capito chi è il più spietato dei quattro. *Nell'ufficio torna la vita e l'azione ricomincia a fluire*
Buongiorno Nippers. Passata una felice serata?

NIPPERS Pessima, avvocato, pessima: stamattina mi è rimasto un terribile cerchio alla testa.

TURKEY Stamattina! Perché, invece, le altre mattine?

GINGER Signor Turkey, siate più gentile con il povero Nippers...

TURKEY Più gentile? Avete detto «più gentile»?

GINGER Non alzate la voce!

NIPPERS Dio che mal di testa... Chiedo scusa, vado un attimo in ba...

RITA Fermo! È bagnato. Non ve ne siete accorto!?

NIPPERS Io devo andare in bagno, ora!

RITA No! Ora no.

NIPPERS E se vomito? Volete che vomiti qui? voglio andare in bagno, è un mio diritto!

TURKEY E i doveri? Avete anche qualche dovere o solo il diritto di arrivare in ritardo, andare in bagno ogni cinque minuti, pettinarvi e importunare la signorina Ginger?

GINGER Il signor Nippers non mi ha mai importunata!

*Si siede.*

TURKEY Eccome no! Lo ha fatto, lo ha fatto... eccome se lo ha fatto!

NIPPERS Posso andare al bagno o devo vomitare qui?

RITA Vietato andare al bagno e vietato vomitare per i prossimi cinque minuti!

NIPPERS Impossibile! Non ce la faccio, non ce la faccio!

*La scavalca e corre in bagno.*

GINGER Poverino... appena in tempo.

TURKEY Poverino un corno!

RITA Uff... Sempre così. È sempre così! Mi farete morire!

AVVOCATO *sguardo al pubblico* Benvenuti nel mio studio legale: se avete bisogno di trascrivere un atto, compilare documenti, fare una ricerca titoli, questo è il posto giusto. Il mio è uno studio importante, molto noto a Wall Street. E da quando sono diventato giudice amministrativo, poi... i clienti non mancano. Eppure io non sono il classico avvocato di successo: sono un uomo prudente, preferisco le cose semplici. L'ambizione non mi consuma, non cerco l'applauso del pubblico o la lacrima dei giurati. Appena posso mi nascondo qui sotto, dietro compravendite, dividendi, ipoteche. E, tutto sommato, posso dire di essere felice. *Turkey prende un thermos, lo apre, versa del tè in una tazza e comincia a mangiare delle fette biscottate inzuppate nel tè* Turkey, mangiate già a quest'ora?

TURKEY Sì, perché? Qualcosa in contrario?

AVVOCATO No, assolutamente... ci mancherebbe.

GINGER Insomma...

TURKEY Insomma cosa?

GINGER Dovreste saperlo ormai: dopo mangiato il vostro umore – già non meraviglioso di primo mattino – precipita. E l'eccelsa qualità del vostro lavoro...

AVVOCATO A proposito, signor Turkey, avete pensato alla mia proposta?

TURKEY Quale proposta?

AVVOCATO Lavorare mezza giornata: non siete un ragazzino, e forse prendervi il pomeriggio libero sarebbe un premio più che meritato...

TURKEY State scherzando, vero? Ditemi che state scherzando! con rispetto parlando, ne abbiamo già discusso: no, no e poi no. Anche il mio lavoro pomeridiano è indispensabile all'ufficio.

GINGER Comprese le macchie?

TURKEY Quali macchie?

GINGER Quelle con le quali, ogni pomeriggio, decorate ormai da molto tempo quegli atti che al mattino tanto diligentemente ricopiate.

*Nippers esce dal bagno.*

RITA *a Nippers* Fermo lì! Non fate un passo. Ho appena lavato.

NIPPERS Quanto tempo devo rimanere sulla porta del bagno?

RITA Cinque minuti!
TURKEY Li vedete i miei capelli, avvocato?
GINGER Quali capelli?
NIPPERS Capelli!
TURKEY Appunto. Sto diventando vecchio, avvocato. E trovo sia una grave mancanza di rispetto rinfacciare a un uomo della mia età qualche insignificante macchiolina che mi sfugge un pomeriggio ogni tanto.
NIPPERS Chiamala macchiolina!
TURKEY Caro signor avvocato, anche voi state invecchiando. Vi ricordo che io sono il vostro braccio destro: come fareste senza di me, qui dentro?
GINGER Potrebbe sempre sostituirvi il signor Nippers.
TURKEY Signorina Ginger, nessuno vi ha chiesto di intromettervi!

*Nervosissimo, Turkey inzuppa una fetta biscottata nel calamaio invece che nel tè, e si riempie la bocca di inchiostro, versandone non poco sulla scrivania e sui fogli.*

AVVOCATO Signor Turkey!
GINGER *ridendo* Ma cosa fate!?
RITA Nell'inchiostro! La fetta biscottata nell'inchiostro!!!
GINGER Santo cielo quante macchie... come volevasi dimostrare.
TURKEY Colpa vostra! Con i vostri discorsi mi fate innervosire, io perdo la pazienza, mi distraggo e...

*In preda alla rabbia smanetta e versa la boccetta dell'inchiostro. Rita corre a pulire intorno.*

NIPPERS Eh sì, eccolo qui, l'indispensabile lavoro pomeridiano del signor Turkey...
TURKEY Indispensabile più del vostro lavoro del mattino, questo è sicuro!
AVVOCATO Va bene va bene va bene. Chiedo scusa a tutti, non volevo provocare questo putiferio. Che ne dite se – ora – ci mettessimo tutti a lavorare?
GINGER Impossibile.
AVVOCATO Perché impossibile?
GINGER Perché c'è troppo lavoro. Io non ce la faccio più.
TURKEY Con rispetto parlando, più che tagliare l'orario di lavoro del sottoscritto, servirebbe aumentare il personale: la signorina Ginger ha detto la verità, in tre è impossibile fare tutto quello che qui c'è da fare.
NIPPERS Mi rincresce dare ragione a un essere disgustoso e paranoico come il signor Turkey, ma di questo passo finiremo con il dover chiedere a Rita di aiutarci a completare il lavoro.
RITA *onoratissima* A me? Beh, se volete io, sì, potrei...
AVVOCATO Lo so, cari, non vi preoccupate. Ho messo un'inserzione sul giornale per un posto da copista e se, tutto va bene, fra breve comincerò a vedere gli aspiranti scrivani.

*Suonano alla porta. Sul pianerottolo c'è Bartleby.*

RITA Apro io.

*Bartleby entra e si rivolge a Rita.*

BARTLEBY Siete voi che cercate uno scrivano?
RITA Io!? Aspettate. Avvocato, qui c'è un pazzo che crede che io stia cercando un scrivano...
AVVOCATO Va bene, Rita, grazie. *Va ad accogliere Bartleby* Buongiorno. Sono io che cerco un copista. Avete letto l'annuncio? *Nessuna risposta. Tutti guardano sorpresi e misteriosamente incuriositi verso Bartleby* Abbiamo bisogno di un quarto impiegato da affiancare alla signorina Ginger e ai signori Turkey e Nippers. Ma prego, non state sulla porta, entrate. Signori! Salutate, vi prego.
GINGER Buongiorno!
TURKEY Salve.
NIPPERS 'Giorno.
RITA 'Giorno...

*Nessuna risposta. Solo un impercettibile cenno con la testa.*

AVVOCATO Entrate, non state sulla porta. Voi dunque avete esperienza da copista? *Piccolo cenno con la testa* E quando potreste cominciare? *Altro piccolissimo cenno appena percettibile come per dire: «Pure subito»* Anche ora? Proprio quello che speravamo... venite, entrate!

*Niente. Bartleby non si muove. Ci pensa Rita, quasi alzandolo di peso.*

RITA Allora! Su, al lavoro!!!
AVVOCATO Grazie Rita, ma non ce n'è bisogno. *A Bartleby* Scusatela, è piena di energia e generosità, la nostra Rita. Posso chiedervi come vi chiamate?

*Silenzio.*

RITA Il nome! Il-vo-stro-no-me!!!

*Niente. Silenzio. Tutti si guardano e non sanno bene come comportarsi, poi:*

BARTLEBY *sottovoce* Bartleby.
TURKEY Eh?
BARTLEBY Mi chiamo Bartleby. Sono uno scrivano.
GINGER Come suona bene: Bartleby lo scrivano. Sì, proprio bene!
AVVOCATO Sedetevi lì, all'altro capo della scrivania della signorina Ginger. Come ha letto nell'annuncio, la paga è settimanale e anticipata. Allora siamo d'accordo? *Silenzio* Iniziamo subito? *Silenzio* Avevo proprio bisogno di una persona tranquilla e silenziosa... non trovate, signor Turkey? potrebbe avere un'influenza benefica su quest'ufficio.
TURKEY Volete dire sul signor Nippers?
GINGER Forse su tutti e due, no?
NIPPERS Certo che no: il mio collega è perfetto, perché dovrebbe aver bisogno di influenza benefica? Al massimo, di un bel bavaglietto per salvarsi dall'inchiostro!

TURKEY *furioso* Un'altra parola, Nippers, una sola e...
GINGER Venite, Bartleby... quanto siete carino! Di qualunque cosa abbiate bisogno, non esitate a chiedermelo. Ma che bel nome Bartleby: Bartleby e... poi?

*Silenzio. Turkey le fa il verso.*

TURKEY Bartleby e poi?

*Silenzio.*

RITA Bartleby... Bartleby! E basta.
TURKEY Soddisfatta, signorina Ginger?
GINGER Passato mezzogiorno, siete il solito insopportabile arrogante antipatico impossibile Turkey di tutti i pomeriggi. Lo sapete cosa vi dico? Le vostre fette biscottate potete mettervele...
AVVOCATO Signorina Ginger, grazie per aver preso le difese del nostro Bartleby ma vi prego di fermarvi qui. Rita, per gentilezza, prendi il fascicolo 66bis, è sulla mia scrivania... *Rita va sbuffando e ciabattando* Voi Bartleby, preparatevi a iniziare. E per qualunque cosa chiedete a me o alla signorina Ginger. Grazie, signori, grazie a tutti. Buon lavoro.

*Rita appoggia rumorosamente il faldone sulla scrivania di Bartleby.*

RITA Ecco qui, Bartleby: buon divertimento!

*Bartleby pulisce con la mano il tavolo, Rita sentendosi scavalcata pulisce il punto dove è appena stato pulito. Bartleby apre lentamente il faldone. La signorina Ginger, sorridente e smorfiosa come suo solito, gli procura carta, stilografica e inchiostro. E Bartleby, in modo composto, comincia a ricopiare.*
*Anche gli altri si rassegnano e si mettono al lavoro, ognuno a modo proprio: ormai che sono passate le 12, Turkey è sempre più agitato, si macchia, gli cade di tutto; a Nippers invece è passato il mal di testa, lavora sereno e manda segnali di complicità alla signorina Ginger che ricambia, pur senza perdere l'attenzione (e l'ammirazione) verso Bartleby, la sua compostezza, abnegazione e calligrafia (di tanto in tanto sbircia e le scappa un commento a mezza voce verso gli altri).*

GINGER Come scrive bene... che calligrafia! Una persona veramente a modo...
RITA Allora io per oggi avrei finito. A domani. *All'Avvocato, indicando Bartleby* Però!, scrive, eh?

*Bartleby non smette mai di scrivere.*

AVVOCATO Lo vedete? Bartleby riesce a trascrivere una incredibile quantità di documenti. Scrive giorno e notte, a lume di candela o con la luce del sole: è senza ombra di dubbio lo scrivano che ogni notaio e ogni avvocato ha sempre desiderato di avere al proprio servizio. Sembra aver fame di trascrizioni, quasi che voglia fare indigestione di pagine! Non si lamenta mai, non sa cosa sia la stanchezza, sembra non aver bisogno d'altro che della sua mezza scrivania e qualcosa da copiare, con quella sua calligrafia così precisa, minuta, chiara e perfettamente leggibile. Sono tre giorni che scrive senza mai smettere.

# 3

*Ora sono tutti in ufficio. È mattino.*
*Nippers è appena arrivato, ovviamente in preda al mal di testa e con visibile fastidio. Gli altri sono già al lavoro: scrivono tutti.*

AVVOCATO Buongiorno Nippers. Come va la testa questa mattina?
TURKEY *senza alzare la testa dal lavoro* Come tutte le altre mattine che Dio manda in terra. Con rispetto parlando, di notte leone e di giorno...
GINGER Signor Turkey! Ci fosse una sola mattina, una!, in cui non vi scagliate contro i mal di testa del povero signor Nippers!
TURKEY Signorina Ginger! Ci fosse una sola mattina, una!, in cui non vi ergete a paladina del povero signor Nippers!

*Rita li interrompe sbattendo il suo cencio umido a due passi dall'avvocato.*

AVVOCATO Rita! Così mi farai morire di infarto!
RITA Meglio un infarto secco che ascoltare tutti i giorni le ripicche di questi noiosi! Come fate a sopportarli ancora? Io non ne posso più. Vipere, sono! Vi-pe-re!
NIPPERS Rita, potreste abbassare la voce? Mi fate lo stesso effetto di un martello pneumatico...

*Per tutta risposta, Rita sbuffa e sbatte violentemente lo straccio un'altra volta alle spalle dell'avvocato, che sussulta.*

AVVOCATO Ora basta. Statevene tutti tranquilli e in silenzio, come Bartleby. Fate come lui e staremo tutti molto meglio.
BARTLEBY *si alza* Ho finito.
GINGER Avete già finito!? Tutte e quattro le copie?
AVVOCATO *lascia la scrivania e raggiunge Bartleby* Di già?! Siete fantastico, Bartleby. Non ci posso credere.
TURKEY Sì ma... chissà quanti errori.
GINGER No no...

*Rita si è avvicinata all'avvocato e alla scrivania di Bartleby e anche lei – ormai esperta non solo di pulizie ma anche di trascrizione di atti – è sorpresa e soddisfatta.*

RITA *lanciando un'occhiata ironica sugli altri tre* Eh avvocato, averne di scrivani così...
AVVOCATO Basta Rita, per oggi ne hai già dette abbastanza. *Poi a Bartleby* Bartleby,

i miei complimenti. Tenete, facciamo un primo controllo incrociato mentre gli altri finiscono. *Gli allunga una copia ma Bartleby, pur guardandolo e vedendo che l'avvocato gli tende dei fogli, resta immobile. Lentamente tutti gli altri smettono di scrivere e alzano la testa per guardare* Bartleby!

BARTLEBY Avrei preferenza di no.

AVVOCATO Come, avrei preferenza di no? State scherzando? *Silenzio* Ho detto: prendete questa copia e aiutatemi a controllarla. Cosa significa avrei preferenza di no?

BARTLEBY Avrei preferenza di no.

AVVOCATO Ma perché?! Siete impazzito?

BARTLEBY Avrei preferenza di no.

AVVOCATO Va bene, Bartleby, non capisco, forse avete un altro metodo... facciamo direttamente il controllo di tutte le copie. Signorina Ginger, distribuite una copia a testa, e leggiamole.

GINGER Certo avvocato. Eseguo immediatamente.

*La Ginger prende le copie e ne dà una a testa. Nippers e Turkey, un po' scocciati, si adeguano e invece di continuare a scrivere si preparano alla richiesta. Solo Bartleby non la prende: lei è costretta ad appoggiargliela sulla scrivania.*

AVVOCATO Siete pronti?

RITA Pronti.

GINGER Certo.

TURKEY Sì signore.

NIPPERS *annuendo* Anche se non sarebbe esattamente il mio compito...

TURKEY Neanche il mio, e allora?

AVVOCATO Signori, per favore! *Poi con titubanza, quasi timore, a Bartleby* E voi, Bartleby, siete... pronto? *Silenzio* Siete pronto, Bartleby?

RITA Bartleby... Bartleby!

AVVOCATO Rita! *Sospira disperato, mentre Rita sbuffa* Bartleby...

BARTLEBY Avrei preferenza di no.

AVVOCATO Ma sono le vostre copie, Bartleby... lo facciamo per semplificarvi la vita, sennò dovreste correggerle da solo, dovete collaborare... non vi sembra?

BARTLEBY Avrei preferenza di no.

AVVOCATO Dite qualcosa, vi prego... fatemi capire.

BARTLEBY Avrei preferenza di no.

AVVOCATO Forse Bartleby non riesco a spiegarmi: quella che avete appena finito di trascrivere è una compravendita molto importante. Ci sono in ballo case, palazzi, una fattoria, molti ettari di terreno... è una questione delicata, forse la più delicata mai affrontata in questo studio. Dovreste essere onorato che io abbia scelto voi e nessun altro per trascrivere questi documenti, ora è il momento fondamentale del controllo. Su, Bartleby, leggiamo tutte le copie.

*Ritorna al suo posto, ma rimane in piedi.*

BARTLEBY Avrei preferenza di no.

TURKEY Senti questo!

AVVOCATO Forse inavvertitamente ho fatto o detto qualcosa che vi ha offeso... o è stato qualcuno dei miei dipendenti?

NIPPERS *girandosi di scatto* Signore, io non...

AVVOCATO No, no... Bartleby, ditemi qualcosa. Spiegatevi.

BARTLEBY Avrei preferenza di no.

AVVOCATO Vi rifiutate di obbedire alla mia banalissima richiesta? Ho capito bene?

*Silenzio.*

BARTLEBY Avete capito bene, signore.

AVVOCATO E la vostra decisione... è irrevocabile?

BARTLEBY Irrevocabile. Signore.

AVVOCATO Signor Turkey, cosa ne pensate? È così strana la mia richiesta?

TURKEY Assolutamente no, signore. Certo che dargli il 66 bis...

AVVOCATO Signorina Ginger?

GINGER Avete tutte le ragioni, ma chissà cosa è successo al povero Bartleby, forse...

AVVOCATO Quello è un altro problema, signorina. Signor Nippers, il vostro mal di testa vi ha impedito di comprendere quello che sta accadendo o avete seguito?

NIPPERS Perfettamente signore, e trovo la vostra richiesta più che lecita: dovreste sbattere Bartleby fuori dall'ufficio a calci in culo, signore.

AVVOCATO Signor Nippers, vi prego! Trattenetevi da offrirmi consigli non richiesti! Grazie, Nippers, mi basta la vostra prima risposta.

RITA E... a me... non lo chiedete?

AVVOCATO Rita, tu non sei un'impiegata dell'ufficio.

RITA Come no?! Dopo ventun anni qui dentro avrò pure imparato qualcosa! Ad esempio che quando un copista ha finito le sue copie, bisogna rileggerle e correggerle tutte, una per una e poi tutte insieme.

AVVOCATO Avete sentito, Bartleby? Anche la nostra signora delle pulizie riconosce che quanto vi ho chiesto è parte del vostro lavoro. Perché non volete farlo?

*Silenzio.*

RITA Secondo me, il vostro caro Bartleby è sbroccato: gli sono bastati due giorni qui dentro, in questa gabbia di matti, e il terzo giorno è impazzito.

AVVOCATO Rita!, un'altra parola e – giuro! – ti licenzio.

RITA Ma che ho detto?!

AVVOCATO Rita!!!

TURKEY Avvocato, Rita ha ragione; con rispetto parlando, lo avete capito o no che il vostro Bartleby è parecchio parecchio strano?

GINGER *annuendo* Non esce nemmeno per la pausa!

NIPPERS Mangia solo biscotti.

TURKEY Biscotti allo zenzero!

GINGER Sarà vegetariano.

RITA Forse è zenzeriano...

AVVOCATO Rita!

NIPPERS No no... lo zenzero è piccante, Bartleby non mi sembra un tipo piccante.

GINGER Povero, non fa mai un vero pranzo...

RITA Forse è per questo che è così strano.
TURKEY Sì, deve essere questa alimentazione a base di zenzero che alla lunga ha effetti devastanti sull'organismo e sulla digestione.
NIPPERS E voi, Turkey, di cattiva digestione ve ne intendete, vero?

*Nippers ride, la Ginger anche.*

TURKEY Insolente!
AVVOCATO Smettetela di beccarvi, voi due.
TURKEY No avvocato, scusatemi ma mi riferivo a Bartleby: io quell'idiota di Nippers neanche lo prendo in considerazione quando dà aria a quella ciabatta che ha al posto della bocca. Con rispetto parlando, il vostro caro Bartleby è di un'insolenza... malvagia!
GINGER Ma se non farebbe male a una mosca... guardatelo!
TURKEY Solo un uomo malvagio e insolente potrebbe approfittarsi così di un datore di lavoro come il nostro, in questo onoratissimo ufficio che mi degno di servire da ventiquattro anni.
AVVOCATO Ma no, che dite? Dov'è l'insolenza nel nostro Bartleby? È evidente che le sue stranezze sono del tutto involontarie.
NIPPERS Siete troppo buono con lui.
TURKEY Perché, con voi no?
AVVOCATO Basta, mi avete stufato. Correggiamole noi queste benedette copie: invece che leggere l'originale, leggerò una delle copie, voi altrettanto. E se ci sono stranezze, controllerò cosa c'è scritto nell'originale, va bene?
TURKEY Se vi sembra un buon metodo...
NIPPERS E perché io dovrei fare un lavoro che l'ultimo arrivato si rifiuta di fare?
TURKEY Questa volta il mio collega ha tutte le ragioni del mondo: con rispetto parlando, va bene accollarci una parte del lavoro per venirvi incontro, ma se questo qui si rifiuta di fare la sua parte, perché dovremmo farlo noi?
GINGER Per il bene dello studio, cari cari cari colleghi. Per dare a Bartleby il tempo di adeguarsi alle nostre abitudini e per rispetto del nostro datore di lavoro. Se volete, avvocato... le controlliamo tutte... io e voi... le copie di Bartleby.
AVVOCATO Grazie, signorina Ginger.
NIPPERS Crumira.
TURKEY Poco di buono.
AVVOCATO Silenzio! Non ne posso più. Facciamo festa per oggi. Tutti a casa.
RITA Avvocato, state bene? Siete sicuro?
AVVOCATO Sicurissimo. Ho bisogno di respirare un po'.
TURKEY Se volete, prima di andarmene, do una lezione a Bartleby.
GINGER Di che tipo?
TURKEY Gli faccio un occhio nero, con rispetto parlando: lo pesto un po'.
NIPPERS Ci sto anch'io: mi sembra un'ottima soluzione, anche se è un'idea di Turkey.
AVVOCATO Signori! Se non ve ne andate immediatamente, l'occhio nero ve lo faccio io a voi due. Via. Subito!
NIPPERS Se proprio insistete...
TURKEY Contento voi... lo avremmo fatto solo per il vostro bene.

*Tutti si preparano a uscire mettendosi le giacche.*
*Nippers e Turkey non se lo fanno dire due volte e si preparano per l'inattesa uscita anticipata.*

AVVOCATO Sì, insisto. A rivederci. E, signor Nippers, vi raccomando la puntualità, domattina.
GINGER Devo... andare via anch'io?
AVVOCATO Certo, signorina. Andate tutti. *A Rita* Anche tu, Rita.
RITA No! Io devo ancora spolverare e finire di pulire il bagno...
AVVOCATO Ho detto fuori!

*Escono tutti molto scontenti, parlottando sul pianerottolo.*

NIPPERS *a Ginger sul pianerottolo* Hai sentito cosa mi ha detto? Ora se la prende con me, visto che non se la vuole prendere con quel furbastro...
GINGER *a Nippers* Vieni via, dai. Vieni via! Sarà un capriccio passeggero, non ti agitare. Vedrai che se quel Bartleby insiste, lo licenzia... *Poi a voce alta, all'Avvocato prima e a Bartleby poi* A domani, avvocato. A rivederci, Bartleby.

*Silenzio. Escono.*

TURKEY *a Bartleby, provocatoriamente dal centro della scena* A rivederci Bartleby. A-ri-ve-der-ci-Bar-tle-by. *Silenzio. Solo un piccolo sguardo inespressivo* Sì, buonanotte!

*Esce.*

RITA *va da sinistra a destra sul proscenio* Avvocato! Proprio non capisco. Io non dico niente, ma non riesco nemmeno a stare zitta e...
AVVOCATO A domani, Rita. A domani.
RITA Ascoltatemi.
AVVOCATO Una parola, Rita, una sola, e ti uccido, ho detto vai-via. *Rita esce. L'Avvocato va verso la porta e Bartleby* Signorina Ginger... Mi sono dimenticato di dire alla signorina Ginger di passare dalle poste per spedire delle lettere urgenti... Bartleby, posso chiedere a voi di farci un salto?
BARTLEBY Avrei preferenza di no.
AVVOCATO Davvero non volete andarci? Nemmeno in posta? Non mi sembra di chiedervi un grande sacrificio...
BARTLEBY Avrei preferenza di no.

*L'avvocato sprofonda su una sedia. Ma dopo un attimo ci riprova.*

AVVOCATO Bartleby... *Silenzio* Bartleby... *Niente. Allora alza la voce* Bartleby!!! Ve lo chiedo un'ultima volta: andate all'ufficio postale a spedire queste lettere: è urgente.
BARTLEBY Avrei preferenza di no.
AVVOCATO Va bene, ci andrò io. *Rassegnato si veste, mentre Bartleby, invece di mettersi anche lui il suo povero soprabito che aveva quando è entrato, si rimette a*

*trascrivere* Cosa state facendo? Ah, state continuando a copiare... *È sorpreso. Ci pensa su* Non ho mai avuto un copista della vostra qualità ed efficienza... facciamo che da oggi siete esentato dal rileggere i documenti che trascrivete e dall'andare alle poste, va bene? *Silenzio. Semplicemente Bartleby non smette di ricopiare* Va bene. Passo alle poste e vado a casa, Bartleby. *Andando in avanti* Oggi facciamo festa tutti, mi sembra meglio. È venerdì, riposiamoci fino a lunedì mattina, ci farà bene. Riposatevi anche voi, non lavorate fino a tardi... e mangiate, mangiate qualcosa di meglio di quei biscotti allo zenzero: mangiate fuori, prendete un po' d'aria... siete sempre il primo ad arrivare, l'ultimo ad andarvene... Vi lascio un pasto pagato al ristorante all'angolo. Va bene? *Interrompe il dialogo con Bartleby (che resta immobile e guarda l'Avvocato) e si rivolge al pubblico* Come riesce a farmi sentire buono, quest'uomo! Non so perché ma davanti a lui provo la deliziosa sensazione di comportarmi con grande generosità. A volte mi sembra finalmente di aver capito qual è la mia missione al mondo: offrirti un ufficio, un tetto, uno stipendio. *Sospira e sorride. Smette di rivolgersi al pubblico e torna a parlare con Bartleby* Allora, Bartleby, vi va? *Silenzio* Certo che vi va... *Ormai è sulla porta dell'ufficio* Buon fine settimana Bartleby. Buon... fine... settimana.

*Esce.*
*Bartleby sta scrivendo ancora. Poi smette. Si alza, cerca il pallido raggio di sole che fltra da una delle finestre, viene avanti, ritorna indietro e si lascia illuminare: fermo, immobile si gode la luce che lo investe e lo scalda. Chiude gli occhi. Buio.*

# 4

*L'ufficio è vuoto. La luce abbastanza alta: sta filtrando il sole delle 10 del mattino. Quasi nessun rumore da fuori, ma si sentono le campane suonare. È domenica mattina.*
*L'Avvocato appare sul pianerottolo, mette la chiave nella toppa, ma la porta non si apre: è bloccata dall'interno con un catenaccio.*
*L'Avvocato suona nervosamente. All'inizio non accade nulla, poi dal bagno esce Bartleby in camicia da notte e ciabatte: va alla porta, la socchiude senza togliere il catenaccio.*

BARTLEBY Chi è?
AVVOCATO Bartleby!? Come chi è? Sono io! Cosa fate qui... di domenica? Fatemi entrare!
BARTLEBY Avrei preferenza a non farvi entrare, ora. Sono occupato.
AVVOCATO Occupato? voi siete impazzito: questo è il mio ufficio, voglio entrare!
BARTLEBY Impossibile, ora.
AVVOCATO Bartleby, sto perdendo la pazienza... ho detto che voglio entrare!
BARTLEBY Vabbè. Fate due, tre giri dell'isolato: io avrò finito, e voi potrete entrare, signore.

*Bartleby chiude il piccolo spiraglio della porta e torna in bagno ciabattando, si mette le scarpe e si toglie la camicia da notte.*
*L'Avvocato resta sul pianerottolo. Stupefatto.*
*Si rivolge al pubblico.*

AVVOCATO **Vedete, se mi rispondesse male, con arroganza, come fanno Turkey e Nippers, non farei fatica a cacciarlo. Se fosse falso come la signorina Ginger, non avrei pietà. Ma questa sua gentilezza cadaverica mi disarma, non riesco nemmeno a infuriarmi... quest'uomo mi sorprende e... mi fa male. E poi, cosa ci fa – di domenica mattina – nel mio ufficio, in camicia da notte!?** *Scuote la testa. Suona ancora. Niente. Suona ancora, poi* **Bartleby! Apritemi! Ne ho fatti quattro di giri... quattro! Non due e nemmeno tre, come mi avevate chiesto... quattro! Dovrebbe esservi bastato il tempo... apritemi.** *Niente. L'Avvocato sbuffa, inserisce la chiave nella toppa, gira e questa volta la porta si apre. Entra* **Bartleby... è permesso? Ma che permesso e permesso! Questo è il mio ufficio... Bartleby!** *Comincia a convincersi che non c'è più nessuno. Va alla scrivania di Bartleby: è tutto in perfetto ordine, a differenza di quelle di Nippers e Turkey. Poi scosta la sedia dello scrivano e, ben piegati, ci trova sopra: calzini, mutande, una camicia da notte, ciabatte, un plaid, un piccolo cuscino. Apre il cassetto. Dentro: una tazza, dei biscotti (li annusa: zenzero, di sicuro), pane vecchio, una scatoletta di tonno* **Tonno. Beh, allora non è vero che mangia solo biscotti allo zenzero.**

*Va in bagno, esce: in mano uno spazzolino da denti e un dentifricio. Sospira. Rimette ogni cosa a posto: è attraversato da un misto di tristezza e imbarazzo, che però si trasformano in stizza e repulsione. Poi si frena. Non sapendo cosa fare, se ne va.*
*Da sotto la scrivania dell'avvocato esce Bartleby, silenzioso come sempre. Si muove quasi come un automa. Torna a cercare la luce che filtra da una delle finestre su in alto. Va sul proscenio a sinistra, poi a destra si gode il raggio di sole. Ritorna alla sinistra della scrivania dell'avvocato ed è subito sera.*
*Buio.*

# 5

*Mattino presto. Torna la luce.*
*Bartleby è alla scrivania e trascrive, come sempre.*
*Arriva Rita con il suo armamentario di stracci, scope e spazzoloni.*

RITA **Già qui? Anche stamattina? Certo non si può dire che siete uno che si perde in chiacchiere, mica come quegli altri... bravi solo a riscuotere lo stipendio! Povero avvocato, un uomo così onesto, così generoso... tutti si approfittano di lui, tranne voi e io. Ci assomigliamo, noi due, caro Bartleby, tutti e due lavoriamo molto più di quanto ci è richiesto, ma quando si nasce generosi non c'è niente da fare! Si resta generosi tutta la vita.** *Bartleby la guarda. Lei si blocca,* *un po' spaventata da quello sguardo impenetrabile* Qualcuno più chiacchierone, qualcuno meno. Voi… non parlate mai, dico, di vostra iniziativa? *Silenzio* E rispondete anche poco… a volte mi fate un po' paura, Bartleby.

*Si apre la porta: entrano prima Turkey e un istante dopo la Ginger.*

TURKEY 'Giorno a tutti.
RITA Buongiorno signor Turkey.
TURKEY Coso lì, come sta?
RITA Sta. *Alla Ginger* Buongiorno!
GINGER Buongiorno, sì buongiorno… buongiorno.
TURKEY Cattivo umore stamani?
GINGER Scusatemi, ho mal di testa. Buongiorno Bartleby.

*Bartleby alza la testa verso di lei ma non apre bocca e torna subito a scrivere.*

TURKEY Un po' di educazione al mattino non vi farebbe male, Bartleby. O… avete preferenza di no? *Ridacchia. Entra l'avvocato che si dirige direttamente alla postazione di Ginger, scacciandola* Avvocato buongiorno.
GINGER Buongiorno avvocato. Come siete mattiniero stamani.
TURKEY Siamo tutti mattinieri stamani… a parte il nostro caro Nippers, ovviamente.

*L'Avvocato non dice nemmeno buongiorno, non si toglie cappello né impermeabile: si rivolge direttamente a Bartleby, come se parlargli il più presto possibile fosse l'unica cosa che gli interessi davvero. È febbrile.*

AVVOCATO Bartleby. *Nessuna risposta* Bartleby. Non sono qui per chiedervi di fare qualcosa che avreste preferenza di non fare: vorrei solo parlare con voi. *Bartleby alza la testa* Grazie. Volevo chiedervi… dove siete nato?
TURKEY *sottovoce* Ma cosa gli interessa dove è nato questo qui?
GINGER *a Turkey* Non ne ho la minima idea.
BARTLEBY Avrei preferenza a non dirlo.
AVVOCATO Allora ditemi qualcosa di voi, della vostra vita…
BARTLEBY Avrei preferenza di no.
AVVOCATO Bartleby, ma quale ragionevole motivo avete per non voler parlare con me? Io… io mi sento… vostro amico. *Turkey, Ginger e Rita si guardano sorpresi e anche un po' offesi: Turkey sbatte rumorosamente un faldone e soffia. Ma l'avvocato si preoccupa solo di Bartleby* Rispondetemi!
BARTLEBY Per ora avrei preferenza a non rispondere.
TURKEY Beh! Se non altro ha detto qualcosa di un po' diverso…

*Entra Nippers con il suo solito mal di testa del mattino, va all'attaccapanni ad appendere la giacca. L'Avvocato sembra non accorgersi di lui, immobile, di fronte a Bartleby.*

NIPPERS 'Giorno.

GINGER Buongiorno.

*È un po' piccata, ha il mal di testa anche lei... forse quella notte Ginger e Nippers hanno litigato?*

TURKEY Lasciatemi indovinare... mal di testa? Con rispetto parlando, deve essere una forma virale, visto che lo ha preso anche la signorina Ginger... glielo avete attaccato voi, stanotte?

*Rita gli tira lo straccio. Turkey ridacchia, poi con Nippers torna al suo posto alla scrivania.*

AVVOCATO Bartleby, fate conto che io non vi abbia fatto nessuna domanda sulla vostra vita privata. Avete ragione voi, non ho alcun diritto di chiedervi nulla. Ma una cosa ve la devo domandare, non come vostro datore di lavoro ma... come vostro amico.

*Nuovo gelido sguardo scandalizzato tra tutti i presenti, compreso Nippers cui sfugge una smorfia.*

NIPPERS Amico?! ha detto amico?

*Tutti si bloccano.*

GINGER Sì. Ha detto amico.
NIPPERS A me non ha mai detto amico...
AVVOCATO Ditemi solo che comincerete ad attenervi alle regole dell'ufficio. Magari non subito, domani o dopodomani... ma vi prego, ditemi che comincerete a essere più collaborativo e ragionevole.
BARTLEBY Avrei preferenza a non essere ragionevole. E nemmeno collaborativo, signore.
TURKEY Avrei anch'io quella preferenza, Bartleby, ma no!, io sto qui e lavoro!
NIPPERS Gliela darei io, la mia preferenza, a quel fenomeno...
AVVOCATO Signori, avrei preferenza che voi non vi intrometteste, per ora.
RITA Ah. Pure voi ora vi mettete ad avere preferenza...
GINGER Zitta Rita, non ti ci mettere pure tu. Dai.
AVVOCATO Grazie, signorina Ginger: mi avete tolto le parole di bocca.
TURKEY Forse la soluzione di tutto sarebbe sostituire i biscotti allo zenzero con una bella pinta di birra: che ne dite, Bartleby? Ve la posso offrire, una birra, nella pausa pranzo?
BARTLEBY Avrei preferenza a essere lasciato qui, nella pausa pranzo.
TURKEY Va bene. *Offeso* Con rispetto parlando, potreste almeno ringraziarmi.
BARTLEBY Grazie.
NIPPERS Avvocato, le compravendite di ieri avete preferenza che le ricopi su carta bianca o a righe?
RITA Anche Nippers è contagiato!
TURKEY Io no. Mai detto in vita mia che avrei preferenza di qualcosa. Comunque se Bartleby avesse preferenza a farsi una birra con me, sarei felice di offrirgliela.

RITA Sentito? Siete tutti contagiati... o forse stiamo impazzendo!

*Bartleby smette di scrivere. Si alza, guarda verso la finestra, quasi aspettasse quel raggio di sole. Tutti lo guardano.*

GINGER Bartleby, state bene?
AVVOCATO Bartleby... cosa vi è successo?
NIPPERS Per me è sbroccato.
RITA Anche secondo me. Mi dispiace però, era simpatico.
TURKEY Simpatico?!
AVVOCATO Bartleby... avete sentito cosa vi ha domandato la signorina Ginger: siete sicuro di stare bene?
BARTLEBY Avrei preferenza a non scrivere più, signore.
TURKEY Bingo!
GINGER Cos'ha detto?
NIPPERS Che non vuole scrivere più.
AVVOCATO Come? Adesso... non volete più scrivere, davvero?
BARTLEBY No. Non voglio, signore.
AVVOCATO Cioè, volete dire... forse non ho capito bene: non volete neanche più scrivere? Ma quello lo avete sempre continuato a fare!
BARTLEBY Sì. Ma ora basta.
AVVOCATO Ma... perché?
BARTLEBY Non lo capite da solo, signore?
AVVOCATO Ma certo, la poca luce! Come ho fatto a non rendermene conto... povero Bartleby, la luce! Scusatemi con tutto il lavoro che avete fatto in queste settimane, quasi al buio...
TURKEY Al buio? Avvocato, qui la luce è uguale per tutti...
AVVOCATO Ma è poca, è evidente... scusatemi, scusatemi tutti, soprattutto voi, Bartleby, che non avete mai smesso di copiare documenti e documenti... Dovete riposare, prendere aria, camminare... dovete uscire... perché non vi prendete qualche giorno di malattia?
BARTLEBY Avrei preferenza di no. Ho deciso di rinunciare a scrivere e ricopiare. Per sempre, signore.
AVVOCATO Cioè, volete dire che quando i vostri occhi si saranno riposati e io vi avrò procurato un'illuminazione migliore, non riprenderete comunque il lavoro?
BARTLEBY Avrei preferenza di no. Basta. Rinuncio.
AVVOCATO Per sempre?
BARTLEBY Per sempre, signore.
AVVOCATO No no no... C'è un piccolo problema però: se non volete fare assolutamente più nulla, non potete restare. Vi do una settimana, Bartleby: ricominciate a lavorare sennò... dovrete andarvene. È chiaro inoltre che non potrete più dormire qui.
RITA Ah. Perché, lui dorme qui?
AVVOCATO Rita, un'altra parola e do anche a te la settimana di preavviso.
RITA Per questo lo trovo tutte le mattine prima di me!
AVVOCATO Rita!
RITA Non ci avevo pensato... che stupida!

AVVOCATO Rita!!! _A Bartleby_ Dovete procurarvi un altro posto dove dormire. Sono disposto ad aiutarvi e non vi lascerò andare via senza una giusta liquidazione, ma andate via: avete una settimana. _Stop. Tutti fermi ad ascoltarlo tranne Nippers che si fa gli affari suoi_ Ecco. L'ho detto. Ma mi dispiace da morire, mi viene da chiedergli scusa. Se solo mi avesse fatto il nome di un parente, un amico, avrei fatto di tutto per metterlo nelle migliori condizioni per traslocare. Non baderei a spese per lui. Ma lui sembra completamente solo in tutto l'universo: un relitto in mezzo all'oceano. _È sconfortato_ I sette giorni passarono e... niente. Bartleby, la settimana è finita, dovete andarvene. Ecco i soldi della liquidazione e anche... un extra. No, no, no, no... non mi ringraziate, va bene così.

BARTLEBY Avrei preferenza di no.

AVVOCATO Non è questione di preferenze: voi dovete andarvene. Vi raddoppio la liquidazione, ma voi non potete mettere in imbarazzo le persone oneste che lavorano in questo ufficio. Prendete questi soldi: è una bella cifra, potrete viverci a lungo. _Bartleby non allunga la mano_ Prendeteli, ho detto. _L'Avvocato li lascia sulla scrivania di Nippers_ Allora li lascio qui. Sono vostri. Quando avrete ultimato il vostro piccolo trasloco, chiudete la porta, lasciate la chiave sotto lo zerbino, così che domattina Rita la possa recuperare. Se poi nella vostra nuova casa avrete bisogno di altro, non esitate a scrivermi e io vi aiuterò. Buona fortuna, Bartleby. Mi mancherete. Addio.

NIPPERS _prende senza farsi notare i soldi sulla scrivania_ Ben fatto signore. Avreste potuto essere molto più duro con lui, e nessuno vi avrebbe mai rimproverato di questo.

GINGER E invece... quanta gentilezza, e che umanità.

TURKEY Con rispetto parlando, datori di lavoro tanto generosi non se ne vedono più, di questi tempi.

GINGER Sono quasi commossa.

TURKEY Peccato che è stata tutta generosità mal riposta.

NIPPERS Peccato davvero.

AVVOCATO Signori, vi ringrazio per la solidarietà, ma ora mi sembra giusto lasciare Bartleby da solo, affinché possa organizzare il suo trasloco senza pressioni. Caro Bartleby, mettete pure tutta la vostra roba in questo scatolone, fate con calma. Addio. Con lorsignori riprenderemo il lavoro domattina.

TURKEY Caro Bartleby, avete avuto molta fortuna a trovare un gentiluomo tanto generoso. Ve ne siete approfittato in lungo e in largo: bravo, complimenti. Beh, al diavolo.

_Esce._

NIPPERS Invece che cacciato a calci in culo, ve ne andate con le tasche gonfie di soldi... quasi quasi vi invidio. Siete uno fortunato, voi.

_Esce._

GINGER Caro, caro Bartleby...

_Esce._

RITA Mah. O allora?! Non vi capisco, Bartleby.

*Esce.*
*Bartleby ritorna al suo posto a preparare le sue poche cose e le mette dentro lo scatolone. Si sposta sotto la finestra. Guarda in alto verso il raggio di sole. Buio.*

# 6

*Rita è al lavoro, pulisce.*
*Il primo ad arrivare è l'avvocato.*

AVVOCATO Buongiorno Rita.
RITA Sempre più mattiniero, avvocato. Buongiorno.
AVVOCATO E... lui?
RITA Scomparso. Pover'uomo...
AVVOCATO Cara Rita, hai ragione: vorrei festeggiare ma... *Si toglie l'impermeabile, il cappello, appoggia la borsa, il giornale* Sarà meglio che vada a darmi una rinfrescata: sono venuto un po' troppo di corsa.

*Va alla porta del bagno che però non si apre: è chiusa dall'interno.*

BARTLEBY *v.o.* Occupato!

*L'Avvocato e Rita sobbalzano indietro.*

AVVOCATO Ma...
RITA In bagno non avevo guardato... Ora non mi dite che ci dovevo guardare io! *L'Avvocato va verso la scrivania di Bartleby: lo scatolone era nascosto sotto la scrivania. Rita si avvicina preoccupata* Padrone... state bene? *Silenzio* No. Non state bene.
AVVOCATO *con un filo di voce* Allora non è vero che se n'è andato...
RITA Almeno siete vivo. Meglio di niente.
AVVOCATO Cosa dovrei fare, Rita, dimmelo tu. Sbatterlo fuori? Ricorrere alla violenza? Chiamare la polizia? *Silenzio* Forse dovrei fare finta di niente, come se lui fosse invisibile, come se non esistesse più.
RITA È quello che qui dentro il vostro Bartleby sta cercando di fare: diventare l'uomo invisibile, cioè visibile ma invisibile, nullafacente. Però se vi mette ansia e dolore cacciarlo, perché non...

*Bartleby esce dal bagno. Rita si blocca.*

AVVOCATO Sono profondamente addolorato. Vi credevo un uomo migliore, Bartleby, un uomo onesto... sensibile, capace di comprendere al volo la cosa giusta da fare. Mi sbagliavo. Mi sono sbagliato totalmente. *Silenzio* Ve ne volete andare o no?

BARTLEBY Avrei preferenza di no.

AVVOCATO Ma con quale diritto volete rimanere? Lo pagate voi l'affitto? Pagate le mie tasse? Questo ufficio è diventato vostro? *Silenzio* Avete deciso di rimettervi al lavoro? I vostri occhi sono guariti? Accettate di andare alle poste? Benissimo! *Si agita, va quasi addosso a Bartleby, vorrebbe minacciarlo, o almeno scrollarlo da quell'irritante e sconcertante apatia* Io lo so che non è vostra intenzione mancarmi di rispetto, che in fondo siete un uomo buono e generoso, ma come faccio ad accettare questa situazione? Ditemelo! Spiegatemelo, convincetemi: non chiedo altro, Bartleby...

*Entra Turkey.*

TURKEY Buongiorno a tutti. Ah. Coso è ancora qui, fantastico. Avvocato... mamma mia che brutta cera, con rispetto parlando. Siete sicuro di stare bene? Forse dovreste riposarvi un po': perché non vi prendete qualche giorno di riposo? Non vi dovete preoccupare: ci sono io che penso a tutto. Se volete, penso anche a lui...

*Entra la signorina Ginger.*

GINGER Buongiorno! Signor avvocato, siete già qui? Anche voi, Bartleby. Buongiorno. Beh?, che succede? Perché queste facce da funerale?

TURKEY Lo sapete vero che in tutti gli studi legali della città non si parla d'altro che di quello che sta accadendo qui?

AVVOCATO E chissà chi è stato a raccontarlo, fuori da questo ufficio.

TURKEY Di sicuro io no.

GINGER Non credevo che fosse un segreto di Stato... *Tutti la guardano* Vero? Non era un segreto... Ho sbagliato.

*Entra Nippers, col solito mal di testa e raggiunge gli altri.*

NIPPERS 'Giorno. *Si guarda intorno, tutti gli altri sono immobili* Tutti... con il mal di testa?

TURKEY Avvocato, avete pensato a cosa diranno di questa situazione i nostri clienti?

GINGER Perché, secondo voi, c'è il rischio che comincino a lamentarsi?

TURKEY Secondo me lo stanno già facendo.

GINGER Dite che finiranno con l'evitarci?

TURKEY Come appestati, signorina Ginger, come degli appestati. A quel punto saremo noi a perdere il lavoro.

*L'Avvocato, come se avesse un soffocamento, si chiude in bagno dove sfoga la sua rabbia. Tutti (escluso Bartleby) si cercano con lo sguardo e alzano le spalle.*

AVVOCATO *dal bagno* Cosa dovrei fare con quest'uomo? Ma che dico uomo, questo... fantasma!

TURKEY Saprei io, come risolvere questa storia. Vero Bartleby?

AVVOCATO *dal bagno* Come faccio a sbattere fuori una creatura così indifesa? Non lo farò mai e poi mai!

TURKEY A casa, i lazzaroni!

GINGER Se ce l'hanno, una casa...

AVVOCATO *dal bagno* Gli regalo montagne di soldi e Nippers glieli porta via! Lui vuole solo rimanere qui.

NIPPERS Tutti hanno una casa.

GINGER I senzatetto no, loro non ce l'hanno: cosa ne sapete di come vive il povero Bartleby!

AVVOCATO *dal bagno* Devo chiamare la polizia? Per ottenere che lo portino in prigione? Perché vuole dormire qui? Ma che è... un reato? Non fa male a nessuno... è assurdo!

GINGER Se invece di gridargli contro lo aiutassimo, questo sì che sarebbe qualcosa di utile.

TURKEY E brava la signorina Ginger! Adottatelo, allora, portatevelo a casa vostra!

GINGER Io? E perché, io?

*L'Avvocato esce dal bagno. Va diritto al centro del proscenio verso Bartleby che lo guarda come sempre.*

AVVOCATO Bartleby, ve lo chiedo un'ultima volta: dato che avete deciso di smettere di lavorare e – di fatto – vi siete licenziato, volete andarvene dal mio ufficio? Per favore.

BARTLEBY Avrei preferenza a restare.

AVVOCATO Va bene. Va bene... Signori, domani cambiamo ufficio. Mi sono stancato di stare qui: c'è poca luce, troppa umidità, e poi non siamo abbastanza vicini al tribunale. Signor Turkey, occupatevi voi di trovare una nuova sede e organizzare il trasloco. A cose fatte, informerete la signorina Ginger, Nippers e Rita del nuovo indirizzo. Voi, Bartleby, fate quello che volete: ormai non siete più un problema mio. Addio Bartleby. *Fa per andarsene, poi ritorna da Bartleby* Vi prego, accettate questo ulteriore aiuto per i prossimi mesi. *Lascia di nuovo i soldi sul tavolo di Nippers* E che il Signore vi protegga, se può.

*Nippers si siede sul tavolo e nasconde i soldi.*
*Esce.*
*Nella penombra le mura dell'ufficio vengono spostate. Tutti collaborano fuorché Bartleby che resta immobile a guardare cosa accade, poi scompare.*

*Progressivamente si delineano le stanze, finché il nuovo ufficio è pronto: in tutto e per tutto triste come il precedente e quasi identico. Solo che nel nuovo ufficio non c'è Bartleby.*
*Tutto ricomincia come al solito: stessa routine, stesse dinamiche.*

# 7

*Luci del mattino. Rumore di traffico e passanti.*
*Tutti sono già alla scrivania e al lavoro. Turkey e Nippers litigano rubandosi pochi centimetri di scrivania.*
*La signorina Ginger è tornata a essere da sola al suo tavolo: di fronte a lei, nessuno.*
*Rita lava per terra, infastidendo Nippers.*
*Squilla il telefono. Risponde la Ginger.*

GINGER **Nuovo studio legale buongiorno. – No, l'avvocato non è ancora arrivato: chi devo dire che lo sta cercando? – Ah. – Va bene. Lo informerò appena arriva.**

*Mette giù con aria turbata.*

RITA **Chi era?**
TURKEY **Rita!**
RITA *avvicinandosi alla Ginger e sottovoce* **Chi era al...**
TURKEY **...telefono?**
GINGER *anche lei sottovoce* **Era il proprieta...**

*Proprio mentre la Ginger sta per rispondere, entra l'Avvocato: è più rilassato.*

AVVOCATO *entra con una pianta in mano* **Buongiorno a tutti.**
GINGER **Buongiorno!**
TURKEY **Salve.**
NIPPERS **'Giorno.**

*L'Avvocato si toglie impermeabile e cappello, appoggia ventiquattr'ore e giornali. Guarda il suo nuovo ufficio: c'è un filo di imbarazzo quando i suoi occhi cascano sulla mezza scrivania vuota un tempo occupata da Bartleby. Quando i suoi occhi si incrociano con quelli della Ginger, lei sospira e annuisce.*

GINGER **Avvocato, ha appena telefonato...** *Il telefono squilla di nuovo. La Ginger risponde* **Nuovo studio legale buongiorno. – Sì, è arrivato proprio in questo istante. – No, non ho avuto ancora il tempo di... glielo passo subito, certo!** *Coprendo la cornetta* **Che modi! Avvocato... è il proprietario del nostro vecchio ufficio... è già la seconda volta che chiama: sembra molto seccato. Glielo passo.**

*L'Avvocato ha un presentimento e si incupisce, va alla sua scrivania. Risponde in preda a un evidente malessere, tutti ascoltano.*

AVVOCATO **Signori, lavorate pure. Grazie.** *Tutti annuiscono e si rimettono al lavoro, ma appena la conversazione ha inizio, tutti si stoppano e ascoltano* **– Pronto? – Sì, sono io, buongiorno. – Sì, certo che lo conosco. Ha lavorato nel mio ufficio per** un breve periodo, poi si è licenziato. – Come?!?! È ancora lì? – Non se ne vuole andare? – Non vedo cosa potrei fare io... – No, non è più un mio impiegato né tantomeno siamo parenti. Non è... nulla... per me. *Lo dice e si sente un traditore* – Non so cosa dirvi né come aiutarvi. – No, avrei prefer... no, non posso fare nulla. Mi dispiace. – Ah sì? – Ma ne siete sicuro? Beh, state attento a non esagerare, vi prego. – Capisco. Sì, certo sapete dove trovarmi. – A... rivederci.

*L'Avvocato chiude la telefonata e torna al suo posto.*

GINGER Cosa ha detto?
AVVOCATO Che ci penserà lui a trovare una soluzione.
TURKEY *soddisfatto* Così si fa! Lo dicevo io. Altro che tollerare tollerare tollerare. Con rispetto parlando, lo so io come andrebbero trattati, lazzaroni e imbroglioni.

*Dà una feroce occhiata a Nippers e gli sottrae qualche centimetro di scrivania.*
*Suona la porta. Sul pianerottolo c'è Bartleby.*
*La signorina Ginger va alla porta. Apre. Lo riconosce e chiude subito, e blocca la porta con il proprio corpo.*

GINGER Signore! *Fa cenno all'avvocato come di avvicinarsi e poi, col solo labiale* B-A-R-T-L-E-B-Y.

*Alza le spalle, non sa cosa fare: ha il terrore negli occhi.*

AVVOCATO *andando alla porta, mentre la Ginger torna al suo posto* È lui? *La Ginger annuisce spaventatissima* È... qui?

*La Ginger annuisce di nuovo e si allontana in punta di piedi. L'Avvocato va alla porta. Mette piano piano il catenaccio. Apre, guarda un istante. Richiude. Spalle alla porta, sospira. Chiude gli occhi, non sa cosa fare. Bartleby suona ancora. L'Avvocato fa un profondo respiro ed esce sul pianerottolo.Lentamente tutti gli impiegati dentro lasciano le scrivanie e vanno a origliare alla porta.*

AVVOCATO Bartleby! Cosa fate qui?
BARTLEBY Mi hanno preso di peso dal vecchio ufficio e mi hanno portato in strada.
AVVOCATO E allora?
BARTLEBY Mi hanno detto che vi avrei trovato qui, signore.
AVVOCATO Proprio non vi rendete conto del fastidio che mi state procurando?
BARTLEBY No. E voi?
AVVOCATO Io cosa? Di cosa dovrei rendermi conto? Delle due l'una, Bartleby: o vi mettete a lavorare oppure dovremo prendere qualche provvedimento... definitivo. Bartleby, ricominciate a lavorare, vi prego.
BARTLEBY Avrei preferenza di no.
AVVOCATO E... un altro lavoro?
BARTLEBY Avrei preferenza che restasse tutto così, signore.
AVVOCATO Ma non è possibile! Lo capite o no?

BARTLEBY Perché non è possibile, signore?

AVVOCATO Dovete lavorare! *Alza la voce* La-vo-ra-re! Santo cielo, mi fate andare in escandescenza, qui sulle scale. Andiamo dentro a parlare... *Bartleby tenta di rientrare in ufficio* No! Dentro no!, sennò poi non c'è più verso di farvi uscire... stiamo qui. Uff... che stavo dicendo? Ah sì: che dovete lavorare, Bartleby.

BARTLEBY Ho lavorato tutta la vita.

AVVOCATO Allora continuate! Magari possiamo cercare un altro lavoro, diverso... Che ne direste di fare il cassiere in una drogheria?

BARTLEBY C'è poca aria in una drogheria.

AVVOCATO Perché invece ce n'era parecchia nel mio ufficio, di aria! Non uscivate mai, Bartleby, mai! E ora mi dite che in una drogheria c'è poca aria... io proprio non riesco a capirvi. Un bar, allora? Potreste servire ai tavoli, nella bella stagione addirittura all'aperto, e non dovreste affaticare la vista.

BARTLEBY I bar non mi piacciono, signore.

AVVOCATO E che ne dite di viaggiare per riscuotere le fatture di una grande azienda? Ho un amico che potrebbe offrirvi un lavoro di questo genere, sarebbe perfetto.

BARTLEBY Avrei preferenza di no.

AVVOCATO Fare l'accompagnatore di quelle famiglie che viaggiano per l'Europa, quelle così ricche che hanno bisogno di una specie di maggiordomo? Pensate come sarebbe bello.

BARTLEBY No... avrei preferenza a restare fermo in un posto. Qui, nel nuovo ufficio, va benissimo.

*Tenta di rientrare in ufficio.*

AVVOCATO Ma non va bene a me! Non va bene a chi lavora qua dentro! *Sospira disperatamente* Bartleby... vi andrebbe di venire a casa mia? *Reazione sconvolta di tutti gli impiegati* Il mio appartamento è grande, potreste rimanerci per qualche tempo, in attesa di una situazione che vi soddisfi di più. Venite, andiamoci ora, così vi riposerete. *Bartleby ci pensa un po'. Sembra valutare la proposta* Eh? Che ne dite? Saremmo tutti felici...

BARTLEBY Avrei preferenza di no. Vorrei restare qui, mi basta.

*Tenta di rientrare in ufficio.*

AVVOCATO Nel mio ufficio no, è fuori discussione, dato che non volete lavorare.

BARTLEBY Allora resto qui.

AVVOCATO Ma qui dove?

BARTLEBY Sul pianerottolo, signore. Posso restare sul pianerottolo?

AVVOCATO Non è possibile! Non si può vivere su un pianerottolo!

BARTLEBY Perché?

*Intanto Bartleby si corica sullo zerbino. L'Avvocato rientra e scappa in bagno per nascondere l'ennesimo attacco isterico. Tutti gli altri, che stavano origliando alla porta, iniziano a uscire scavalcando Bartleby.*

AVVOCATO Tutti a casa! Ho detto tutti a casa!

RITA Benedetto figliolo!

*Esce.*

TURKEY Lo saprei io, come risolvere questo scandalo! Voglio vedere cosa diranno i vicini, i proprietari di questi uffici! Non si è mai vista una cosa così! Vergogna!

*Esce.*

GINGER Permesso... buonanotte Bartleby.
NIPPERS Signorina Ginger aspettatemi! Cosa fate stasera?

*Complice, la Ginger lo prende sotto braccio e insieme escono.*
*Bartleby resta accucciato.*

AVVOCATO Siete sicuro che non volete venire con me, a casa mia? Non è una trappola, non voglio ingannarvi... su, venite. *Nessuna risposta* Dove cenerete? *Nessuna risposta* Buonanotte, Bartleby.

*L'Avvocato se ne va.*
*Rimasto solo, Bartleby estrae da un sacchetto un biscotto (allo zenzero) e lo mangia lentamente, a piccoli morsi, come chi è abituato a farsi bastare poco.*
*Buio.*

# 8

*Rita lava a terra.*
*Turkey sta scrivendo, la Ginger si dà lo smalto sulle unghie.*
*Entra Nippers, in ritardo e col mal di testa.*
*Sul pianerottolo non c'è nessuno.*

TURKEY *ironico* Mal di testa?
NIPPERS Dov'è?
TURKEY Chi?
NIPPERS Come, chi? Il mollusco... Bartleby! Ha passato gli ultimi tre giorni su quello zerbino... dov'è finito?
GINGER Sarà andato a comprare altri biscotti.
RITA E con quali soldi?
TURKEY Con tutti quelli che ha avuto dal nostro caro avvocato, sai quanti biscotti ci può comprare!
GINGER Fra cinque minuti sarà qui di nuovo... e chi ci libera più da quello?
TURKEY Vedo con piacere che finalmente avete capito anche voi che razza di farabutto si era tirato dentro l'ufficio il nostro principale.
GINGER Dovete sottolinearlo per forza, signor Turkey?

*Arriva l'Avvocato dalla quinta di sinistra. Entra.*

*Tutti lo guardano pieni di sorpresa.*

AVVOCATO Lo hanno arrestato.
RITA Santo cielo!
AVVOCATO Vagabondaggio.
GINGER Volete dire che è in prigione?
AVVOCATO Pare che quattro poliziotti siano venuti a prenderlo stamattina presto e che lui li abbia seguiti senza nessuna resistenza.
RITA Ma qui? Sono venuti qui? E chi li ha chiamati?

*Guarda gli altri.*

AVVOCATO Qualcuno ha sporto una denuncia. Qualcuno che vive e lavora in questo palazzo. Ma non si sa chi.

*Turkey è molto soddisfatto e, tutto sommato, anche gli altri. Tranne l'Avvocato.*

TURKEY D'altra parte, la giustizia è giustizia.
RITA Avesse accettato almeno di arrivare alla posta.
GINGER Si lavava poco. Meglio così. È stata la cosa giusta, chiunque lo abbia denunciato.
NIPPERS *all'avvocato, piano* Fate fuori anche Turkey: troveremo come rimpiazzarlo, non vi mancherà, ve lo prometto...
TURKEY Se l'è proprio cercata.
GINGER Più di così era impossibile fare.
RITA Siete stato fin troppo buono.
NIPPERS *Mors tua, vita mea.*
AVVOCATO E lo sapete qual è la cosa peggiore? Che, per un momento, l'ho pensato anch'io, che fosse la cosa giusta.

*Le pareti mobili della scenografia vengono spostate di nuovo: delineano non più un ufficio ma una prigione: via quel poco di mobili, restano solo nude pareti grigie, le alte finestrelle con le inferriate, una scrivania e due sedie alle estremità (esattamente come nell'ufficio ma senza faldoni e documenti): è diventata la sala colloqui di un carcere.*
*In un angolo c'è un inserviente: con ramazza e spazzolone, pulisce piano e annoiato.*

# 9

*Entrano un Funzionario della prigione e l'Avvocato. Parlano come se il loro dialogo fosse già iniziato altrove.*

FUNZIONARIO Avete assolutamente ragione: si capisce lontano un miglio che Bartleby non è un criminale, ma la legge è... la legge.
AVVOCATO Credetemi, è un uomo onesto, non farebbe male a una mosca: deve essergli accaduto qualcosa che gli ha sconvolto la mente. Di cosa è imputato esattamente?
FUNZIONARIO Ma niente! È pure strano che lo abbiano portato qui, il problema è che non ha una casa, non ha famiglia, niente amici. Voi siete la prima persona che viene a chiedere di vederlo. Non lo teniamo nemmeno in cella, è libero di muoversi, ma all'interno dell'istituto.
AVVOCATO Trattatelo bene: è un uomo buono.
FUNZIONARIO Scusatemi, avvocato, ma... voi, che ne sapete?
AVVOCATO So solo che non si merita di stare in un carcere. Lo so e basta. Trattatelo meglio che potete.

*Entrano Bartleby e una guardia.*

FUNZIONARIO Meglio qui che abbandonato per le strade del centro. Almeno noi gli diamo da mangiare e da dormire. E non infastidisce nessuno.
AVVOCATO Lui non ci ha mai infastiditi...
FUNZIONARIO Ne siete sicuro?

*Entrano una Guardia carceraria e Bartleby.*
*La Guardia fa sedere Bartleby al tavolo dei colloqui*

AVVOCATO Buongiorno Bartleby... ma cosa avete combinato? Vi ricordate di me?
BARTLEBY Lo so chi siete, signore, e non ho niente da dirvi.
AVVOCATO Non è colpa mia se vi hanno arrestato, ve lo giuro. E comunque questo posto, non è male, vero? Tutto sommato non è così diverso dal mio ufficio.

*I due si guardano intorno: in effetti è quasi identico... pure nel solito raggio di sole che illumina solo un punto preciso della stanza.*

BARTLEBY No. Non è così diverso. Ora sto qui. E non ho niente da dirvi, signore.

*Bartleby si alza e fa cenno alla guardia di volersene andare. O forse semplicemente si mette in posizione per essere illuminato e riscaldato da un raggio di sole che lo raggiunge da una delle finestre.*
*Il Funzionario si avvicina all'Avvocato.*

FUNZIONARIO Posso darvi un consiglio? *Si avvicina ancora di più* Se quest'uomo si accontenta di quello che *non* mangia qui dentro, morirà presto di fame.

AVVOCATO Da me in ufficio mangiava solo qualche biscotto allo zenzero; è un uomo che si accontenta di poco.

*Il Funzionario è deluso: sperava che l'avvocato comprendesse che lui voleva suggerirgli qualcosa...*

FUNZIONARIO Beh, non è così semplice. E poi col tempo, avere qualcosa di meglio vi assicuro è molto importante.

AVVOCATO Cosa volete dirmi? Parlate chiaro.

FUNZIONARIO I nostri ospiti, quelli che fuori hanno amici ricchi, ricevono un trattamento particolare. Basta mettersi d'accordo. Con me.

AVVOCATO Ah, funziona così, qui dentro.

FUNZIONARIO Sì, funziona così. D'altra parte, potete immaginare che gli extra hanno un loro prezzo.

AVVOCATO *estrae delle banconote dal portafogli* Certo. Se funziona così, funziona così. Preparategli i pasti migliori. Saprò come dimostrarvi tutta la mia gratitudine. *Poi, a Bartleby* Bartleby... questo signore si è preso l'impegno di rendere più sopportabile la vostra permanenza qui.

FUNZIONARIO Vi troverete bene, Bartleby, sempre meglio. Vi cambierò anche di stanza. Avete desideri particolari per il pranzo?

BARTLEBY Avrei preferenza a non pranzare, oggi. Non sono abituato a pranzare. *Bartleby si allontana, va a mettersi quasi attaccato al muro, dove un raggio di sole lo sfiora* E la mia stanza va bene. È una stanza. Avrei preferenza a non cambiarla.

FUNZIONARIO Non è normale il suo amico, vero? Gli manca qualche rotella o sbaglio?

AVVOCATO È un po' strano, ma non è cattivo.

FUNZIONARIO *ridendo* Un po' strano? Un po' strano, dite!

*Ride.*

AVVOCATO Fate tutto quello che potete per lui. Non ve ne pentirete. Domani tornerò.

*L'Avvocato si allontana addolorato ma fa in tempo a sentire l'ultima frase del Funzionario:*

FUNZIONARIO Dicono tutti così e poi non torna mai nessuno.

*La luce cala.*
*L'Avvocato, il Funzionario, la Guardia scompaiono.*
*Bartleby resta nella stessa identica posizione. Poi si corica a terra, rannicchiato come un cane. Chiude gli occhi.*

# 10

*La luce ritorna.*
*Bartleby è nella stessa identica posizione ma ha gli occhi aperti.*
*Un raggio di sole lo illumina e lo scalda.*
*Vicino a lui c'è l'Addetta ai pasti.*

ADDETTA Bartleby! Cosa vuoi per pranzo? *Silenzio* Io non ti capisco proprio. Fuori hai un angelo custode che paga per te e tu non vuoi mai nulla. Qui dentro farebbero a botte per poter mangiare quello che cuciniamo per il signorino Bartleby.

*Fa per andarsene. Proprio in quel momento arrivano Guardia e Avvocato.*

GUARDIA Eccolo, l'uomo che non parla. *All'Addetta* Come andiamo stamani con questo qui?
ADDETTA Non si è mosso di un centimetro da ieri, non ha voluto neanche cenare e stamani ha rifiutato la colazione. Se ne sta lì, dorme. Sonnecchia.
GUARDIA Ehi, Bartleby... ti piace il sole?

*Nessuna risposta.*

AVVOCATO *si guarda intorno* Non si sente nessun rumore, qui.
GUARDIA Abbiamo delle ottime mura.

*L'Avvocato si avvicina a Bartleby, si accuccia accanto a lui. Lo guarda.*

AVVOCATO Buongiorno Bart... *Alla Guardia* Ma non sta dormendo... ha gli occhi aperti... Bartleby! Buongiorno. Credevo che dormiste. Avete visto? Sono tornato.

*Arriva anche il Funzionario.*

FUNZIONARIO Siete tornato davvero! Complimenti. È dura col vostro amico: non vuole mangiare nulla... gliel'hanno detto? *Verso l'Addetta* Non c'è stato proprio verso, vero?
ADDETTA Negativo signore. Non ne vuole proprio sapere. Almeno rispondesse...
FUNZIONARIO Ora ci riproviamo. *A Bartleby, sorridente e rassicurante* Bartleby, cosa volete oggi per pranzo? *Silenzio* Perché non venite con me e con l'avvocato? *All'Avvocato* Potreste fermarvi anche voi, avvocato... Bartleby! Vi va l'idea di pranzare con il vostro amico? Bartleby... *silenzio* volete pranzare o pensate di sopravvivere senza mangiare?

*L'Avvocato si è accostato a Bartleby e lo sta toccando delicatamente:*
*prima un braccio, poi il polso, infine la gola.*

AVVOCATO Temo che abbia deciso di rimanere senza mangiare.
FUNZIONARIO Ah sì? Preferisce dormire. Che sonno profondo, il nostro caro Bartleby... *Silenzio, poi un po' imbarazzato* Dorme... vero?
AVVOCATO Vero. «Dorme con i Re e i Grandi della Terra, che per sé costruirono tombe desolate».
FUNZIONARIO Cosa dite?
AVVOCATO *gli chiude gli occhi* È morto.
FUNZIONARIO Davvero? Ma no! *Osserva Bartleby, si spaventa* Guardia! Avete sentito cosa ha detto l'avvocato? Controllate il detenuto.

*La Guardia si avvicina, tocca il corpo di Bartleby. Si rialza.*

GUARDIA Confermo. È morto.
FUNZIONARIO Questa poi da lui non me l'aspettavo... proprio ora! Ero convinto che fosse un falsario: piccolo, smunto, insignificante. E i falsari sopravvivono a tutto.
GUARDIA Ma no, non era un falsario: lavorava alle poste.
AVVOCATO Come... alle poste?! Davvero? E voi come fate a saperlo? Chi ve lo ha detto?
GUARDIA Mio fratello. Lavoravano insieme: Ufficio Lettere Smarrite. Poche settimane fa, l'ufficio è stato ridotto e metà del personale licenziato. Così, dall'oggi al domani. Mio fratello si è salvato, questo qui no: lui ha perso il lavoro. Così è la vita.
AVVOCATO In posta... Ufficio Lettere Smarrite... che fine fanno, le lettere smarrite?
INSERVIENTE Le bruciano. Dopo qualche anno che nessuno le reclama o non possono essere restituite, vengono bruciate.
GUARDIA Ogni anno ne vengono bruciate a montagne... le aprono, sa? Una per una. Cercano qualche indizio, ma tante volte... non c'è niente da fare.
FUNZIONARIO Talvolta un impiegato estrae un anello da una busta...
ADDETTA ...ma il dito cui era destinato ormai marcisce dentro una tomba.
FUNZIONARIO Oppure in una di quelle lettere trovano una banconota, o un assegno, inviato con urgenza ma eccessiva distrazione...
INSERVIENTE ...avrebbe salvato la vita di un uomo. Invece, smarrendosi, l'ha condannato.
FUNZIONARIO Magari era un perdono per chi è morto distrutto dai rimorsi.
GUARDIA O buone notizie per chi si è spento consumato dal dolore o dalla povertà.
AVVOCATO Lettere che avrebbero portato un po' di speranza o sollievo, e che invece sono precipitate nel silenzio e nella morte. Senza un perché. Oh Bartleby... Siamo dei dischi in vinile, pieni di righe e ditate su cui la puntina della vita scivola precaria, limitandosi di solito a produrre un fruscio. Ma per qualcuno la puntina è troppo pesante, o la riga troppo profonda, e allora il disco si incanta. Povera, povera umanità.

*Cala il buio. Tranne un lieve raggio di sole, su Bartleby. Poi nemmeno più quello.*

# Immagini

*
Finito di stampare
nel mese di giugno
presso
*Modulgrafica spa*
a Forlì.